Naturführer für Kids

Wald & Bäume

unipart

Einführung

Waldspaziergänge machen Spaß – noch mehr Spaß machen sie, wenn man dabei nach Pflanzen Ausschau hält, die man kennt oder kennen lernen möchte. In diesem Buch erfährst du, wie du die Bäume und Sträucher erkennst, die in unseren Wäldern wachsen. Am spannendsten wird die Erkundung natürlich, wenn deine Geschwister oder Freunde auch mitmachen!

Pflanzen entdecken

Im Wald stehen nicht nur Laub- und Nadelbäume, sondern auch Sträucher, Far-

ne und, wenn du die Augen offen hältst, eine Auswahl leckerer (oder auch gefährlicher!) Pilze. Vergleiche sie mit den entsprechenden Seiten im Buch, und bald schon bist du ein echter Pflanzenkenner. Teste mal, ob deine Eltern sich wohl genauso gut auskennen.

Spaß mit Pflanzen

Bäume sehen aber nicht nur imposant aus: Unter der Rubrik „Lustig und spannend“ findest du Witziges und Erstaunliches sowie praktische Hinweise, um mit deinen Frucht- oder Blattfunden etwas Schönes anzufangen. Du findest dort z.B. Bastel- oder Rezepttipps.

Inhalt

Spitzahorn *Acer platanoides*

Woran erkennt man ihn?

Der Spitzahorn ist ein Laubbaum, der bis zu 30 m hoch werden kann. Er hat eine graubraune Borke mit Längs- und Querrissen. Seine Blätter sitzen auf langen Stielen und haben eine rundliche Form mit fünf Lappen. Davon sind die vorderen drei gleich groß, die beiden seitlichen viel kleiner. Im Herbst fallen Ahornbäume besonders auf: Ihr Laub ist dann goldgelb-orange gefärbt und leuchtet schon von weitem.

Wo findet man ihn?

Der Spitzahorn fühlt sich in Gesellschaft am wohlsten. In der freien Natur findest du ihn deshalb vor allem in gemischten Laubwäldern. Aber er wird auch oft als Alleebaum am Straßenrand oder in Parkanlagen angepflanzt.

Wann blüht er?

Die Blüten des Spitzahorns tauchen von April bis Mai auf, sehr schnell nach den Blättern. Ihre Farbe ist gelblich grün, und sie sehen (für Baumblüten) auffällig hübsch aus. Sie sind 10–12 cm lang und hängen wie kleine Weintrauben an Ästchen, was man auch Rispen nennt.

Lustig und spannend

Die Früchte des Ahorns haben eine witzige Form. Fallen sie zu Boden, dann kreiseln sie wie die Flügel eines Hubschraubers. Wenn du sie halbierst und den dicken Teil aufbrichst, kannst du sie dir prima auf die Nase kleben!

Feldahorn *Acer campestre*

Woran erkennt man ihn?

Der Feldahorn ist, im Gegensatz zum Spitzahorn, ein recht kleiner Baum. Er wird selten höher als 10 m, höchstens 20 m. Seine Krone sieht rund und oft richtig ausladend aus. Auch seine Blätter sind deutlich kleiner als die seiner Verwandten, haben aber ebenfalls fünf Lappen und sind auf der Unterseite behaart.

Wo findet man ihn?

Feldahornbäume leben oft zusammen mit Hainbuchen und Eichen in gemischten Laubwäldern mit viel Unterbewuchs, werden aber z. B. auch in Hecken angepflanzt. Du findest sie eher im Flachland als in den Bergen. Über 800 m Höhe kommen sie kaum noch vor.

Blüten und Früchte

Der Feldahorn blüht im Mai, fast zur gleichen Zeit, wenn sich auch die Blätter entfalten. Die gelbgrünen Blütenrispen sind ca. 5 cm lang und sitzen an aufrechten Stielen. Die Flügelpaare seiner Früchte (siehe S. 5) sind hier ganz waagerecht ausgebreitet.

Lustig und spannend

Der Feldahorn hat einen amerikanischen Verwandten, den Zuckerahorn. Man gewinnt aus ihm Ahornsirup, den du auch bei uns kaufen kannst. Er schmeckt sehr aromatisch, und die Kinder in Amerika und Kanada essen ihn besonders gerne zu Pfannkuchen!

Eberesche *Sorbus aucuparia*

Woran erkennt man sie?

Ebereschen werden nur 3–15 m hoch. Ihre Blätter sind 10–20 cm lang und unterteilt in mehrere kleinere, so genannte „Fiederblättchen“, die spitz zulaufen und am Rand grobe Zähne haben. Der dünne, schwarzglänzende Stamm hat Längsrisse und mündet in eine locker rundliche Krone. Die Knospen sind dunkelviolett und weißfilzig behaart.

Wo findet man sie?

Ebereschen brauchen viel Licht und leben deshalb an „offenen Standorten“ wie an Waldrändern, Lichtungen oder auch an Straßenrändern. Auch als Park- oder Zierbäume werden sie angepflanzt.

Blüten und Früchte

Mai bis Juni sind die Monate der Blütezeit für Ebereschen. Die weißen Blüten werden etwa 1 cm breit und haben viele einzelne kleine Blütenblättchen. Die roten, runden Früchte reifen vom Sommer bis zum Oktober.

Lustig und spannend

Zwischen den Fingern zerriebene junge Blätter riechen nach Marzipan. Ebereschen heißen auch Vogelbeerbäume, da ihre roten Früchte gern von Vögeln gefressen werden. Die Vögel verteilen dann die (unverdaulichen) Samen der Eberesche, und plötzlich wachsen kleine Eschen an den ungewöhnlichsten Orten, z. B. in Dachrinnen!

Gemeine Platane

Platanus acerifolia

Woran erkennt man sie?

Die Platane kann enorm groß werden, bis zu 40 m. Platanen wachsen rasch und können sehr alt werden. Ihre Krone ist sehr breit und besteht oft aus mehreren Teilen. Die Blätter sind 15–20 cm groß und meist breiter als lang. Ihre Lappen sind ungleich groß, fast dreieckig und nicht so tief eingeschnitten wie beim Ahorn.

Wo findet man sie?

Platanen werden vor allem als Park- und Straßenbäume angepflanzt. Sie sind sehr robust und halten auch Autoabgase und viel Staub aus. Du findest sie deshalb auch in großen Städten.

Blüten und Früchte

Die Blüten der Platane sind harte Kugeln, die mit stacheligen Haaren überzogen sind. Sie tauchen im Mai an den Zweigen auf. Die bräunlich roten Früchte sind ebenfalls kugelrund und hängen allein oder zu zweit an langen Stielen.

Lustig und spannend

Die Platane kannst du besonders leicht an ihrer Rinde erkennen. Sie ist zunächst glatt und graubraun, springt dann aber in großen Stücken ab, die du aufsammeln kannst. Am Stamm bleiben dann unzählige helle gelbe und braune Stellen zurück, so dass der Baum zusammengeflickt wie ein Puzzle aussieht.

Robinie *Robinia pseudoacacia*

Woran erkennt man sie?

Die Robinie ist ein bis zu 25 m hoher Baum. Ihre Krone ist ziemlich locker und unregelmäßig geformt. Nach oben hin wird sie breiter. Der kurze Stamm gabelt sich schon früh in mehrere Äste auf, die dann steil nach oben ragen. Robinienblätter treiben erst spät im Frühjahr aus. Sie setzen sich aus mehreren kleineren, eiförmigen Blättchen zusammen, die an einem gemeinsamen Blattstiel sitzen.

Wo findet man sie?

Robinien sind anspruchslos und wachsen sogar auf ärmsten Sandböden. Sie stehen oft vereinzelt, werden aber gerne in Hecken oder an Alleen angepflanzt, um mit ihren Wurzeln den Boden zu befestigen.

Wann blüht sie?

Robinien blühen im Juni. Die kleinen Einzelblüten hängen in dichten, bis 15 cm langen Trauben von ihren Ästchen. Sie sind weißlich gelb gefärbt und duften süß nach Honig. Bienen fühlen sich fast magisch davon angezogen!

Lustig und spannend

Das Holz von Robinien ist sehr hart und haltbar. Es wird z.B. kaum von Pilzen befallen. Deshalb wird es (statt des teuren ausländischen Teakholzes) zum Bau von Gartenmöbeln, Werkzeugstielen oder Sportgeräten verwendet.

Wildapfel *Malus silvestris*

Woran erkennt man ihn?

Die Äpfel, die du vielleicht oft in der Pause isst, stammen alle nicht von wild wachsenden Bäumen, sondern sind so genannte „Kulturäpfel“. Aber es gibt bei uns auch noch Bäume mit wilden Äpfeln. Sie sind 5–10 m hoch und haben eine dichte Krone auf niedrigem Stamm. Die Blätter sind rundlich bis länglich und meist nicht behaart.

Wo findet man ihn?

Der Wildapfelbaum ist nicht mehr sehr häufig. Er wächst meist allein stehend, selten in Laubwäldern. Wichtig sind für ihn tiefe, gut durchfeuchtete Böden, die ihm viele Nährstoffe liefern.

Wann blüht er?

Wildapfelbäume blühen von April bis Mai. Die Blüten sind reinweiß, manchmal auch rot „übermalt“, vor allem die Blütenblättchen an der Außenseite.

Lustig und spannend

Wildäpfel sind sehr hart (man nennt sie auch „Holzäpfel“) und nur etwa 3 cm dick, also viel kleiner als die Kultursorten. Probier sie mal: Sie schmecken säuerlich herb. Dennoch sind Wildäpfel die Vorfahren der vielen Apfelsorten, die du heute überall kaufen kannst.

Apfel *Malus domesticus*

Woran erkennt man ihn?

Äpfel wachsen auf kleinen bis mittelgroßen Bäumen, die etwa 10 m hoch werden können. Ihre Blätter sind meist rundlich und vorne leicht zugespitzt. Sie haben am Rand feine Zähne und sind an der Unterseite dicht weiß behaart. Auch an den Blütenstielen fühlst du einen Haarflaum.

Wo findet man ihn?

Apfelbäume sind in den meisten Gärten zu finden, aber auch auf ländlichen Streuobstwiesen. Sie mögen warme Standorte mit reichlich Sonne und wachsen in Höhenlagen bis zu 900 m.

Blüten und Früchte

Die Blütezeit der Apfelbäume dauert von Mai bis Juni. Die Blüten sind weiß oder mit leichtem Rosa überzogen. Die Früchte sind je nach Sorte unterschiedlich groß und grün, gelblich oder rot gefärbt.

Lustig und spannend

Wenn du viele Apfelkerne sammelst, kannst du dir daraus eine schöne Apfelkernkette basteln. Zieh einen langen Faden durch eine dicke Nähnadel und fädele damit möglichst viele frische Apfelkerne auf. Verknote dann das Ende. Jetzt nur noch um den Hals legen. Fertig!

Quitte *Cydonia oblonga*

Woran erkennt man sie?

Die Quitte ist mit ca. 6 m Höhe ein kleiner Baum. Sie hat eine breite, ausladende Krone auf einem eher kurzen Stamm. Ihre Äste sind in der Jugend grün und haben weiße, wollige Haare, später werden sie orangefarben, dann grau oder braun. Quittenblätter sind 5–10 cm lang und an der Unterseite hellgelb.

Wo findet man sie?

Die Quitte ist empfindlich gegenüber Frost und gedeiht deshalb bei uns nur in wärmeren Gegenden. Dann aber ist sie ein beliebter Obstbaum, der auch gut mit trockenen Böden klarkommt.

Blüten und Früchte

Quitten blühen im Mai und Juni. Ihre Blüten sind 3–5 cm groß, in Weiß bis Rosa. Die Früchte sind bei unseren Kulturformen bis zu 4 cm lang und birnenförmig. Wenn sie im späten Herbst reif sind haben sie eine goldgelbe („quittengelbe“) Farbe.

Lustig und spannend

Quitten kann man nicht frisch essen, sie sind zu hart und zu herb. Aber man macht Marmelade, Gelee oder Saft daraus. Dickes, luftgetrocknetes Quittengelee kann man in Stücke schneiden, und schon hat man einen leckeren, gesunden Snack!

Kirsche *Prunus avium*

Woran erkennt man sie?

Süßkirschen können mächtige Bäume von bis zu 30 m Höhe werden. Ihre Rinde ist rötlich braun und glänzend und zeigt ganz typische, waagerechte Streifen. Kirschblätter sind oval oder eiförmig und an ihrem Rand tief eingezähnt.

Wo findet man sie?

Kirschbäume mit Süßkirschen zum Abpflücken und Essen oder mit sauren Früchten, die eher auf den Kuchen passen, stehen in vielen Gärten. Kirschbäume verwildern aber auch gelegentlich und sind so auf Wiesen zu finden.

Blüten und Früchte

Kirschblüte ist im April und Mai. Noch bevor das Laub austreibt, überzieht sich der ganze Kirschbaum mit duftigen, weiß bis zartrosafarbenen Blüten. Die tiefroten Früchte reifen je nach Sorte unterschiedlich spät und schmecken säuerlich oder süß.

Lustig und spannend

Kirschkerne kannst du sammeln, waschen und trocknen und dann in eine kleine leere Kissenhülle füllen. Im Backofen aufgewärmt ergibt das ein tolles Wärmekissen, das hervorragend gegen Bauchweh und beim Einschlafen hilft.

Birne *Pyrus communis*

Woran erkennt man sie?

Ein Birnbaum wird bis zu 20 m hoch. Seine Zweige sind rötlich braun und behaart, wenn sie noch jung sind. Später werden sie glatt und glänzend braunrot. Die Blätter sind meist oval geformt und haben am Rand ganz feine Zähne. Sie sind an ihrer Unterseite heller und haben dort viele kleine Punkte. Der Blattstiel wird mit bis zu 5 cm ziemlich lang.

Wo findet man sie?

Birnen werden in vielen Sorten in unseren Gärten angepflanzt. Diese Kulturformen können aber verwildern und ihre angezüchteten Merkmale verlieren. Außerdem gibt es noch einige Wildbirnenarten. Birnen wachsen am besten an warmen, sonnigen Orten.

Blüten und Früchte

Birnbäume blühen von April bis Mai. Die weißen Blüten öffnen sich, bevor sich die Blätter ganz entfaltet haben. Die großen Früchte reifen je nach Sorte von Juli bis Oktober.

Lustig und spannend

Appetit auf Birnennachtisch? So geht's: Zwei Birnen schälen, halbieren und die Kerngehäuse auslösen. 200 g Zucker mit etwas Wasser kochen, die Birnen hineingeben und bei milder Hitze weich garen, dann die Birnen herausnehmen und abkühlen lassen. Sie schmecken toll mit Marmelade oder Schokoladensauce!

Mispel *Mespilus germanica*

Woran erkennt man sie?

Mispeln sind sehr alte Nutzpflanzen. Sie werden 3–5 m hoch und können baum- oder strauchförmig wachsen. Ihre Rinde ist graubraun und zerspringt in längliche Platten. Junge Zweige sind dicht mit weißen Haaren überzogen. Mispelblätter sind 5–15 cm lang und eher gelblich grün. Die Blattadern sind tief eingezogen, und das Blatt wirkt dadurch richtig runzelig.

Wo findet man sie?

Die Heimat der Mispel ist das frühere Persien, sie kam aber schon vor 2000 Jahren in unser Gebiet. Heute ist sie nicht mehr weit verbreitet. Sie wird aber noch in Gärten angepflanzt, auch als Strauch in Hecken. Sie braucht ein mildes Klima.

Blüten und Früchte

Mispeln blühen von Mai bis Juni, die weißen Blüten stehen meist vereinzelt. Die apfelähnlichen Früchte sind nur 2–3 cm lang, braun, rundlich und an der Spitze abgeflacht. Sie können ab Oktober geerntet werden.

Lustig und spannend

Die Früchte der Mispeln sind reich an Vitaminen. Wenn du sie roh essen willst, geht das aber erst nach dem ersten Frost. Es lohnt sich, sie mal zu probieren! Man kann Mispeln aber auch gut zu einer leckeren Marmelade verkochen.

Walnuss *Juglans regia*

Woran erkennt man sie?

Ein Walnussbaum wird mit über 25 m mächtig hoch. Seine Rinde ist hellgrau, gefurcht und rissig. Die Blätter werden bis zu 40 cm lang und bestehen aus vielen Einzelblättern, die sich paarweise an einem langen Stiel gegenüberstehen und an der Spitze ein Einzelblatt tragen.

Wo findet man sie?

Walnussbäume brauchen viel Platz und stehen daher meist einzeln in Gärten, Parks oder an Straßen. Ihre Wurzeln sind so weit verzweigt, dass in ihrer Nähe kaum andere Pflanzen wachsen können.

Wann blüht sie?

Die Blütezeit der Walnussbäume ist im April und Mai. Sie haben männliche Blüten, die wie gelbgrüne Würmchen aussehen und Kätzchen heißen, und weibliche Blüten, die zu 2 bis 5 als kleine gelbe Bögen ganz am Ende der jungen Triebe sitzen.

Lustig und spannend

Walnüsse können nicht nur frisch gegessen werden. Aus ihnen wird auch ein besonders leckeres Speiseöl hergestellt, das gut in Salaten schmeckt. Zerriebenene Walnussblätter färben so stark ab, dass man sie sogar als Haarfärbemittel einsetzt.

Trauerweide *Salix alba*

Woran erkennt man sie?

Die Trauerweide kann bis zu 25 m hoch werden. Ihr Name rührt daher, dass ihre langen Äste bis fast auf den Boden hängen und sie so einen gewissermaßen „geknickten" Eindruck macht. Die Zweige sind oliv-grün-gelb, die Blätter bis zu 16 cm lang, schmal und am Rand fein gezähnt. Die Weidenrinde ist leicht gerissen und bildet ein Netz aus senkrechten, welligen Streifen.

Wo findet man sie?

Man trifft die Trauerweide meist an Bächen oder Flüssen oder an Teichen an. Sie wird aber auch oft in Parks und auf Friedhöfen angepflanzt.

Wann blüht sie?

Weiden blühen von März bis Mai und bieten Bienen und anderen Insekten eine frühe Nahrungsquelle. Die meist aufrecht stehenden, weich behaarten „Weidenkätzchen" sind etwa 2 cm lang und von weißgelblicher oder grünlicher Färbung.

Lustig und spannend

Die Weidenzweige sind lang und biegsam. Man verwendet sie zum Flechten von Körben. Probier doch einmal selbst, ein paar dünne Weidenzweige rund zu verflechten – das ist zwar schwer, sieht aber schön aus!

Stieleiche *Quercus robur*

Woran erkennt man sie?

Eine Eiche ist mit 20 Jahren erst 2 m hoch und nicht dicker als ein Daumen. Aber wenn sie ausgewachsen ist, wird sie 20–30 m hoch und ihr graubrauner, typisch längsrissiger Stamm bis zu 3 m dick. Es gibt ein paar Eichen, die schon 1000 Jahre alt sind. An ihren typisch dunkelgrünen, 5–15 cm langen Blättern mit den abgerundeten Einkerbungen kann man Eichen im Sommer gut erkennen.

Wo findet man sie?

Eichen findet man bis ins Mittelgebirge Europas fast überall in unseren Laubwäldern. Sie brauchen einen nährstoffreichen Lehm- oder Tonboden.

Blüten und Früchte

Die Blüten der Eiche sind von April bis Mai zu sehen. Ihre Früchte sind die bis zu 3 cm großen, hellbraunen und länglichen Eicheln mit dem dunkelbraunen „Hütchen".

Lustig und spannend

Im Winter freuen sich Rehe, Hirsche und Wildschweine über die heruntergefallenen Eicheln als Futter. Du kannst mit Eicheln auch prima basteln. Und wenn du über das „Hütchen" bläst, kannst du darauf pfeifen!

Rotbuche *Fagus sylvatica*

Woran erkennt man sie?

Diese häufige Laubbaumart wird bis zu 40 m hoch; mit einem Stammdurchmesser von bis zu 2 m kann sie 500 Jahre alt werden. Der Stamm ist dünn und gerade, die Rinde glatt und silbergrau. Buchenblätter sind eiförmig, 5–10 cm lang und am Rand leicht gewellt. Die Baumkrone ist kegel- bis kuppelförmig. Das Holz ist rötlich weiß und gut zu verarbeiten, weil es sehr fest ist. Gerne werden Möbel daraus gebaut.

Wo findet man sie?

Die Stieleiche ist eine der verbreitetsten deutschen Baumarten. Stieleichen stehen in den meisten westdeutschen Waldgebieten, vor allem in Höhenlagen des Mittelgebirges. Sie brauchen relativ feuchtes und mildes Klima.

Blüten und Früchte

Gleichzeitig mit den Blättern erscheinen von April bis Mai an langen Stielen hängende, reichblütige Knäuel. Die Früchte der Buche sind die dreikantigen, braunen Bucheckern, die in einer stacheligen Kapsel sitzen.

Lustig und spannend

Bucheckern sind essbar und enthalten bis zu 50 % Öl. Das Öl kann zu Speiseöl verarbeitet werden. Isst man jedoch zu viele Bucheckern auf einmal, wird es gefährlich, da sie den giftigen Stoff Fagin enthalten.

Rosskastanie *Aesculus hippocastanum*

Woran erkennt man sie?

Die Rinde der höchstens 30 m hohen Rosskastanie ist graubraun und dünnschuppig. Sie hat sehr große, rotbraun glänzende, klebrige Winterknospen. Ein Blatt besteht aus 5 bis 7 kleineren Blättchen. Es sieht aus wie die Finger einer Hand und wird bis zu 25 cm groß.

Wo findet man sie?

Die Rosskastanie wächst am besten auf nährstoffreichen Sand- und Lehmböden.

Blüten und Früchte

Nachdem die Blätter ausgetrieben sind, bilden sich von Mai bis Juni die großen, weißen, rispenartigen Blüten. Deren süßen Duft finden vor allem Hummeln unwiderstehlich.
In einer großen grünen Frucht mit dicken Stacheln sitzen die Samen: die rotbraun glänzenden Kastanien! Die Frucht zerfällt in drei Teile und enthält 1 bis 3 Kastanien.

Lustig und spannend

Kastanien werden im Winter an Rehe und Wildschweine verfüttert. Sie eignen sich auch gut zum Basteln. Frische Kastanien sollen eng am Körper getragen vor rheumatischen Beschwerden schützen.

Weißbirke *Betula pendula*

Woran erkennt man sie?

Nur etwa 120 Jahre wird der maximal 30 m hohe Baum mit der typisch weißen Rinde, die anfangs glänzend weiß schimmert. Aus den dunklen Querstreifen der Rinde entsteht später eine schwärzliche Borke mit tiefen Furchen. Die Zweigspitzen hängen stark über. Die Blätter sind dreieckig bis rautenförmig und lang zugespitzt.

Wo findet man sie?

Birken stehen in ganz Europa, oft auf ungenutzten Wiesen. Man zählt sie zu den so genannten „Pionierbäumen“, weil sie so anspruchslos ist und sich schnell ansiedelt. Weil sie nicht tief wurzelt, findet sie auch auf steinigen Böden Halt und ist frostunempfindlich.

Blüten und Früchte

Die unscheinbaren kleinen Blüten sind je nach Witterung schon Ende Februar bis April zu sehen. Die Pollen machen vielen Menschen mit einer Allergie zu schaffen. Die Birke trägt dicke Fruchtzäpfchen.

Lustig und spannend

Der zuckerhaltige Saft der Birke wird zur Herstellung von Haarwassern, Shampoos oder sogar Birkenwein verwendet.

Bergulme *Ulmus glabra*

Woran erkennt man sie?

Bergulmen sind sehr große Bäume. Sie werden bis zu 40 m hoch und haben bis zu 3 m dicke Stämme. Sie können etwa 400 Jahre alt werden. Die Blätter der Bergulme sind 10–15 cm lang, oben dunkelgrün und sehr rau, unten heller und weiß behaart. Sie sind eiförmig und haben einen gezähnten Rand, oft mit drei Spitzen. Eine Hälfte des Blattes ist größer als die andere und setzt unten am Stiel ungleich an.

Wo findet man sie?

Die Bergulme ist fast über ganz Europa verbreitet. Sie braucht viel Licht und Wasser, trockene und dunkle Standorte werden daher gemieden. Die Bergulme ist häufig am Rand von Auwäldern und in Schluchtwäldern der Mittelgebirge anzutreffen.

Blüten und Früchte

Ulmen blühen alle zwei Jahre von Februar bis März oder April. Die Blüten sind braunviolett, 3–6 mm lang und kurz gestielt. Ihre Früchte, 10–25 mm große Nüsse, reifen im Mai und Juni.

Lustig und spannend

Als Edellaubhholz ist das blassbraune Holz der Bergulme besonders stoß- und druckfest und sehr wertvoll. Außer Möbeln, Parkett und Täfelungen machte man früher auch Felgen, Räder, Speichen und Wagengestelle aus Ulmenholz.

Winterlinde *Tilia cordata*

Woran erkennt man sie?

Linden können über 1000 Jahre alt werden. Sie haben einen relativ kurzen Stamm mit einer weit ausladenden, kuppelförmigen Krone und werden 20–35 m hoch. Die Borke ist dunkelgrau, die herzförmigen, am Rand gezackten Blätter sind 3–10 cm lang mit glatter Blattunterseite.

Wo findet man sie?

Die Winterlinde fühlt sich in einem Laubmischwald wohl, der keinen allzu nährstoffreichen Boden hat. Es sollte dort also nicht zu feucht sein und einen Lehm- oder Tonboden geben. Obwohl Linden sehr empfindlich auf Luftverschmutzung und Streusalz reagieren, werden sie immer wieder in Parks und an Straßenränder gepflanzt.

Blüten und Früchte

Die Winterlinde blüht von Juni bis Juli mit kleinen, hängenden, weißgrünen Blüten, die sehr intensiv duften. Die Früchte sind sehr kleine und harte, braune Nüsschen.

Lustig und spannend

Lindenblüten sind vielseitig nutzbar: Wenn du sie trocknest und mit kochendem Wasser übergießt, ergibt das z.B. einen wirksamen Erkältungstee. Und Lindenblütenhonig ist sehr aromatisch.

Salweide *Salix caprea*

Woran erkennt man sie?

Diese bei uns häufige Weidenart wird 2–10 m hoch, meist nicht höher als 6 m. Die jungen Zweige sind sehr biegsam (sie werden ja auch zum Flechten von Korbwaren verwendet!). Die graue bis schwarzbraune Rinde der Salweide ist bei jungen Bäumen glatt und reißt später längs auf. Die dunkelgrünen Blätter haben einen runden bis eiförmigen Umriss und fühlen sich ledrig grob an. Sie sind auf der Unterseite behaart. Die gelbbraunen bis rotbraunen Knospen sind spitz und eiförmig.

Wo findet man sie?

Salweiden mögen feuchte Standorte: Wald- und Wegränder, Lichtungen und Brachen, Kiesgruben und Steinbrüche, Gewässerufer und Auwälder. Auf Lehmböden wachsen sie gut.

Wann blüht sie?

Die Weidenkätzchen öffnen sich von März bis April und zeigen ihre flauschigen, kleinen, gelbweißen bis grünlichen Blüten.

Lustig und spannend

Mit den flauschigen Weidenkätzchen kannst du im Frühjahr passend zur Jahreszeit Ostereier verzieren: Kleb die gesammelten Kätzchen einfach mit flüssigem Styroporkleber auf ausgeblasene, wenn du magst, bunt gefärbte Ostereier auf.

Europäische Lärche *Larix decidua*

Woran erkennt man sie?

Die Lärche kann bei einem Stammdurchmesser von bis zu 1 m ungefähr 50 m hoch wachsen und bis zu 500 Jahre alt werden. Ihre Baumkrone ist gleichmäßig aufgeteilt, es gibt viele dünne Zweige und herabhängende Zweigenden. Der Stamm hat eine rissige, rotbraune, schuppige Borke. Im Herbst verfärben sich die 1–3 cm langen, bis dahin hellgrünen Nadeln goldgelb und fallen von den höckerartigen Trieben. Die runden Lärchenzapfen bleiben aber an den nadellosen Zweigen hängen, daran kann man Lärchen im Winter gut erkennen.

Wo findet man sie?

Lärchen werden als wertvolle Waldbäume überall in Europa angepflanzt. Sie brauchen viel Licht und vertragen keinen Schatten. Sie wachsen also an sonnigen Standorten auf mäßig feuchten Böden.

Blüten und Früchte

Die Blüten sitzen an höckerartigen Kurztrieben. Ausgewachsene Lärchenzapfen sind rundlich, bis zu 4 cm groß und sitzen senkrecht auf den Zweigen.

Lustig und spannend

Die feinen Lärchenzapfen eignen sich toll als Weihnachtsdeko: Du kannst sie in einer Schale arrangieren, in Kränze binden oder in Zweige hängen bzw. stecken. Versilbert oder vergoldet sind sie ein schöner Adventstischschmuck.

Gemeine Fichte *Picea abies*

Woran erkennt man sie?

Die Fichte kann eine Höhe von 60 m erreichen, bei einem Stammdurchmesser von 1,5 m. Manche Fichte wird 600 Jahre alt. Der Stamm ist sehr gerade und endet in einer regelmäßigen, kegelförmigen Krone. Fichtennadeln sind 3 cm lang, vierkantig und an den Enden zugespitzt. Sie bleiben 6 bis 8 Jahre am Baum.

Wo findet man sie?

Die Fichte liebt niederschlagsreiche Gebirgslagen und saure, lehmhaltige Böden auf denen sie flach wurzelt. Sie ist sehr empfindlich gegenüber Luftverschmutzung.

Blüten und Früchte

Die unscheinbaren Blüten erscheinen von Mai bis Juni. Die Zapfen der Fichte sind bis zu 20 cm lang und hängen senkrecht nach unten.

Lustig und spannend

Fichten sind unsere beliebtesten Weihnachtsbäume. Aber das Holz wird auch als Bauholz und zur Papierherstellung verwendet. Manch eine Fichte wird sogar zu einem Musikinstrument.

Schwarzkiefer *Pinus nigra*

Woran erkennt man sie?

Kiefern wachsen schnell und können eine Höhe von 30 m erreichen. Sie werden bis zu 200 Jahre alt. Der sehr gerade Stamm mit schwarzgrauer, schuppiger Borke endet in einer breiten, ausladenden Krone. Die Nadeln sind starr, dunkelgrün und sehr spitz. Sie werden etwa 15 cm lang und bleiben 3 bis 5 Jahre am Baum.

Wo findet man sie?

Kiefern sind recht anspruchslose Bäume. Sie mögen flachgründige Kalkböden und warme Standorte. Verschmutzte Luft setzt ihnen nicht so stark zu.

Blüten und Früchte

Kiefern blühen unauffällig von Mai bis Juni. Ihre Zapfen sind aber dafür besonders dick, werden bis zu 8 cm lang und stehen waagerecht von den Zweigen ab.

Lustig und spannend

Das helle, gemaserte Kiefernholz mit deutlichen Astlöchern ist als Bauholz sehr beliebt. Es begegnet dir sehr oft in Schränken, Regalen, Kinderzimmermöbeln oder auch als Wandtäfelung .

Weißtanne *Abies alba*

Woran erkennt man sie?

Die Weißtanne ist ein immergrüner Nadelbaum, der eine Höhe von bis zu 50 m erreichen kann. Sie hat eine gleichmäßige, kegelförmige Krone. Ihre Äste stehen fast waagerecht ab. Die Rinde ist dunkelgrau. Die Nadeln sind höchstens 3 cm lang und haben an ihrer Unterseite helle Streifen.

Wo findet man sie?

Die Weißtanne ist ein wichtiger Waldbaum, der häufig zusammen mit Buchen, Fichten und Kiefern vorkommt, vor allem auch in höheren Lagen zwischen 400 und 900 m. Aber du findest ihn auch nicht selten als einzeln stehenden Baum in Gärten oder Parkanlagen angepflanzt.

Blüten und Früchte

Die Blütezeit der Tanne ist von April bis Mai. Die (männlichen) Blüten sind gelb und kugelig und stehen an den Zweigenden. Die weiblichen Blüten, die Zapfen, sind etwa 10 cm lang und zuerst grünlich, dann fast orange und schließlich blassbraun.

Lustig und spannend

Unter Weißtannen wirst du nie Zapfen sammeln können, denn diese lösen sich schon in die einzelnen Schuppen auf, wenn sie noch am Baum stehen. Weißtannen können sehr alt werden, bis zu 300 Jahre. Sie sind aber sehr empfindlich gegen Luftverschmutzung.

Himbeere *Rubus idaeus*

Woran erkennt man sie?

Die leckeren, roten Früchte der Himbeere hast du sicher schon oft gegessen. Das sind meist Kultursorten, die in Gärten oder in der Landwirtschaft angepflanzt werden. Doch auch in unseren Wäldern kannst du Himbeeren finden. Sie wachsen im Wald auf langen Stängeln, die gerade oder leicht gebogen sind und viele kleine Stacheln tragen. Die Blätter sind hellgrün und filzig.

Wo findet man sie?

Himbeeren wachsen an sonnigen Waldrändern oder an Wegen. Je mehr Sonne sie bekommen, desto süßer schmecken die Früchte! Das kannst du selber testen, wenn du sie an verschiedenen Stellen erntest.

Wann blüht sie?

Die Blüten erscheinen in Mai und Juni. Sie sind gerade in Wäldern, wo ja wenig Blumen wachsen, wichtig für Bienen und Schmetterlinge, die sich von ihrem Nektar ernähren.

Lustig und spannend

Nicht nur die Früchte des Himbeerstrauchs sind genießbar. Du kannst auch die Blätter ernten, abwaschen und trocknen. Daraus kannst du dann einen leckeren und sehr gesunden Himbeertee kochen!

Gewöhnlicher Flieder

Syringa vulgaris

Woran erkennt man ihn?

Der Gewöhnliche Flieder ist ein kleiner Baum oder Strauch. Er wird 1–5 m hoch und hat eine rundliche, manchmal langgezogene Krone. Er besitzt mehrere Stämme und große Äste, die auffallend gedreht sind. Die Blätter sind von einem matten Grün, breit eiförmig und fühlen sich recht derb an.

Wo findet man ihn?

Der Gemeine Flieder ist in Südosteuropa heimisch. In unseren Gegenden wird er in vielen Gärten und Parks angepflanzt. Er mag – frei stehend oder in Hecken – immer einen sonnigen Standort.

Wann blüht er?

Die Blüten des Flieders erscheinen von April bis Mai. Sie bilden üppige, 15–20 cm lange Rispen, die einen starken Duft verströmen. Je nach Sorte blühen sie in Weiß, Rosa oder auch in violetten Tönen.

Lustig und spannend

Die Blüten des Flieders halten sich auch gut in der Blumenvase. Wenn du sie als größeren Zweig abschneidest und ins Wasser stellst, füllt ihr Duft bald den ganzen Raum.

Wolliger Schneeball

Viburnum lantana

Woran erkennt man ihn?

Der Wollige Schneeball ist ein kleines Bäumchen von etwa 5 m Höhe. Seine Äste sind weich, biegsam und wie mit einem weißen Filzbelag überzogen. Die Schneeballblätter haben eine ovale Form. Sie sind auf der Oberseite runzelig und dunkelgrün. Die Unterseite ist über und über mit grauen Haaren besetzt, was ihm auch seinen Namen verleiht.

Wo findet man ihn?

Der Wollige Schneeball kommt in der freien Natur nur an warmen und trockenen Standorten vor. Im nördlichen Deutschland wirst du ihn deshalb nur in Gärten und Parks finden, wo er gerne als Ziergewächs oder als Teil einer Hecke angepflanzt wird.

Blüten und Früchte

Seine Blüten erscheinen von Mai bis Juni. Die Blütenstände sind bis zu 10 cm breit und sehen aus wie kleine, halbrunde weiße Schirmchen. Sie duften sehr stark. Die beerenähnlichen Früchte sind zunächst rot, dann zur Reifezeit schwarz.

Lustig und spannend

Der Wollige Schneeball wird auch deshalb gerne in unseren Gärten angepflanzt, weil er eine besonders schöne Herbstfärbung zeigt. Seine Blätter leuchten dann je nach Sorte in Gelb oder Rot. Die Beeren verspeisen Vögel gern.

Kartoffelrose *Rosa rugosa*

Woran erkennt man sie?

Die Kartoffelrose erreicht eine Höhe von 1–3 m. Ihre Äste sind dicht mit Blättern bewachsen und stehen eng beieinander. Außerdem sind sie mit unzähligen Dornen und Borsten besetzt, weshalb die Kartoffelrose eine gute Heckenpflanze ist. Ihre Blätter sind eiförmig und zugespitzt und fühlen sich dick und kräftig an. Die Blattadern verlaufen in Bögen von der Mitte zum Rand.

Wo findet man sie?

Kartoffelrosen gehören zu den beliebtesten Gartengewächsen. Sie treten aber genauso oft an Wegrändern oder als Feldgehölze auf.

Blüten und Früchte

Die Blüten der Kartoffelrose erscheinen vom Mai bis zum Herbst immer wieder neu. Sie sind groß und rosarot gefärbt und duften stark. Aus ihnen werden Früchte, die du sicher kennst: die leuchtend roten Hagebutten.

Lustig und spannend

Hagebuttenfrüchte eignen sich prima zum Einkochen von feiner Hagebuttenmarmelade. Du kannst sie aber auch in kleinere Stücke schneiden und trocknen. Wenn du sie dann mit kochendem Wasser übergießt, hast du einen superfrischen Hagebuttentee!

Weißdorn *Crataegus monogynya*

Woran erkennt man ihn?

Der Weißdorn hat seinen Namen von seinen weißen Blüten und den harten, spitzen Dornen, die in den Achseln von Stamm und Ästen sitzen. Sie sollen die Pflanze dagegen schützen, von Tieren angefressen zu werden. Wild lebender Weißdorn wächst baum- oder strauchförmig und wird bis zu 7 m hoch. Seine Blätter sind weit eingebuchtet, etwas ledrig und an der Oberseite glänzend grün.

Wo findet man ihn?

Die heimischen wilden Weißdornarten wachsen an Waldrändern, in Gebüschen und auch als frei stehende Feldgehölze. Sie gedeihen auch an eher schattigen Orten. Für den Garten gibt es viele Zierarten, z. B. auch mit gefüllten, besonders üppigen Blüten.

Blüten und Früchte

Die weißen, dicht stehenden Blüten des Weißdorns erscheinen in Mai und Juni. Bis zum Herbst entwickeln sich kleine Früchte. Wenn du sie genauer ansiehst, erinnern sie an kleine Äpfel.

Lustig und spannend

Der Weißdorn ist ein wichtiges Gehölz für unsere Vögel. Sie können im Schutz seiner Dornen ihre Nester bauen und ihre Jungen aufziehen. Auch Igel oder Spitzmäuse, die ganz wichtige Schädlingsvertilger sind, nehmen den Weißdorn gern als Unterschlupf.

Kreuzdorn *Rhamnus cathartica*

Woran erkennt man ihn?

Der Kreuzdorn kann sich in recht unterschiedlichen Wuchsformen zeigen. So findest du ihn als kleineren Strauch oder auch (seltener) als bis zu 8 m großen Baum. Seine Rinde ist dunkelbraun und glatt, im Alter wird sie rissig. Die meist grauen Zweige enden oft in Dornen (daher auch sein Name). Die Blätter sind oval und am Rand ganz fein eingesägt.

Wo findet man ihn?

Die auch in Mitteleuropa weit verbreitete Art des Kreuzdorns, der Purgier-Kreuzdorn, wächst an sonnigen, trockenen Stellen in Laubwäldern, Gebüschen und auf felsigen Hängen. Er stellt keine besonderen Ansprüche an den Boden.

Blüten und Früchte

Die kleinen, gelblich grünen Blüten des Kreuzdorns erscheinen in kleinen Büscheln von Mai bis Juni. Von August bis September reifen daraus die erbsengroßen, schwarzen Beerenfrüchte heran.

Lustig und spannend

Der Kreuzdorn ist eine anspruchslose Pflanze, die auch die „dicke Luft" in unseren Großstädten aushält. Der Name soll sich von seinen Zweigen ableiten, die oft kreuzförmig stehen. Iss die schwarzen Beeren besser nicht, davon bekommst du Durchfall!

Besenginster *Sarothamnus scoparius*

Woran erkennt man ihn?

Der Besenginster ist ein kleiner, höchstens 2 m hoher Strauch. Er ist sehr leicht zu erkennen, denn er besteht fast nur aus langen, sehr dünnen, grünen Zweigen, den Ruten. Sie tragen nur ganz kleine, unscheinbare Blätter, die dazu noch früh absterben. Wenn du die Ruten anfasst, kannst du vier Kanten spüren und zahlreiche Rillen.

Wo findet man ihn?

Der Besenginster wächst besonders gut auf sandigen Böden, in Heiden, Kiefernwäldern, an Waldrändern, Wegen und Böschungen.

Blüten und Früchte

Die über 2 cm großen, duftenden Blüten des Besenginsters tauchen von Mai bis Juli auf. Sie sind von einem leuchtendem Gelb und stehen einzeln oder zu zweit an den dünnen, grünen Ruten. Als Früchte bilden sich daraus lange, braune Hülsen.

Lustig und spannend

Die langen, biegsamen Ruten kannst du abschneiden, zusammenbinden und als kleinen Besen benutzen. Daher hat die Pflanze auch ihren Namen. Der Besenginster wurde früher auch zur Gewinnung von Fasern und als Heilpflanze eingesetzt.

Roter Hartriegel *Cornus sanguinea*

Woran erkennt man ihn?

Der Rote Hartriegel ist ein buschiger Strauch. Seine kräftigen, ledrigen Blätter sind eiförmig bis elliptisch, und wenn du genau hinsiehst, kannst du erkennen, dass sich die Blattadern zur Spitze hin biegen.

Wo findet man ihn?

Der Rote Hartriegel ist häufig in Laubmischwäldern, an Waldrändern und in Hecken zu finden. Er braucht viel Sonne und einen Boden, der ihm Nährstoffe bietet.

Blüten und Früchte

Die weißen Blüten erscheinen im Frühjahr erst nach den Blättern und bilden kleine, schirmchenartige Dolden, die eine echte „Bienenweide“ sind. Die kugeligen Steinfrüchte, die daraus entstehen, haben eine schwarzbraune Färbung.

Lustig und spannend

Der Name des Roten Hartriegels bezieht sich auf die leuchtend rote Färbung von Zweigen und Blättern im Herbst. Auch wenn du die Blätter sammelst und vorsichtig zwischen Buchseiten presst, bleibt die Farbe erhalten!

Schlehe *Prunus spinosa*

Woran erkennt man sie?

Die Schlehe heißt auch Schlehdorn oder Schwarzdorn. Ihre Äste sind nämlich dicht an dicht mit langen, spitzen Dornen bestückt. Die kleinen, eiförmigen Schlehenblättchen wachsen oft in Büscheln. Ihre Zweige stehen richtig sperrig voneinander ab. Die Sträucher können eine Höhe von bis zu 4 m erreichen.

Wo findet man sie?

Mit ihren Dornen bilden Schlehen als Hecke einen guten Windschutz und eine fast undurchdringliche Barriere. Du findest sie deshalb oft als Feldgehölz angepflanzt, wo sie auch von Vögeln zum Nisten genutzt werden.

Wann blüht sie?

Die kleinen, weißen Blüten erscheinen im Frühjahr (April bis Mai) oft in unzähligen Mengen und umgeben die Schlehenbüsche mit einem duftenden Mantel. Sie bilden viel Nektar und dienen deshalb als wichtige Bienenweide.

Lustig und spannend

Die blauen Schlehenfrüchte kannst du sammeln und zu Marmelade oder Saft verarbeiten. Die Beeren müssen jedoch erst einmal vom Frost durchgefroren sein, sonst sind sie ungenießbar. Sie schmecken am besten, wenn sie einen weißlichen Belag haben.

Heidelbeere *Vaccinium myrtillus*

Woran erkennt man sie?

Sie hat einen kriechenden Wurzelstock und so bilden sich ganze Heidelbeerkissen. Der sommergrüne Zwergstrauch hat aufrechte, grüne Stängel und wird 15–40 cm hoch. Die Blätter sind kräftig geädert und am Rand gezähnt.

Wo findet man sie?

Heidelbeersträucher gibt es dort in unseren Wäldern, wo sie auf kalkfreiem, saurem Boden wurzeln können. Sie gedeihen auch auf den tiefen Torfböden der Hochmoore. Weil sie sehr frostempfindlich sind, brauchen sie für lange Frostperioden eine Schneedecke.

Blüten und Früchte

Die nickenden rosaroten Blüten sitzen einzeln oder paarweise auf kurzen Stielen in den Blattachseln. Die Blütezeit ist von Mai bis Juni. Die blauschwarzen Beeren haben einen weißlichen Überzug und sind bei Tieren so beliebt wie bei Menschen.

Lustig und spannend

Blaubeeren, die man heute im Supermarkt kaufen kann, sind Kulturheidelbeeren. Sie sind zwar dreimal so groß wie die Waldheidelbeeren, das Aroma hat sich aber dadurch nicht verbessert ...

Brombeere *Rubus fruticosus*

Woran erkennt man sie?

Die Brombeere ist die wohl häufigste und bekannteste Wildbeerenart. Die Stängel können mehrere Meter lang werden und sind mit Stacheln besetzt. Sie wachsen so dicht, dass der Strauch oft ein undurchdringliches Dickicht bildet. Die Blätter bestehen aus 3 oder 5 Blättchen, die auf der Blattunterseite oft einen weißlichen Haarflaum bilden.

Wo findet man sie?

Brombeeren wachsen wild in Wäldern und Gebüschen, manchmal auch an Straßengräben oder -rändern. Oder natürlich im Garten!

Blüten und Früchte

Die weißen oder rosa Blüten sind 2–3 cm breit und blühen von Mai bis September.
Die schwarzroten Beeren bestehen aus kleinen, miteinander verbundenen Steinfrüchtchen.

Lustig und spannend

Hast du frische, selbst gepflückte Brombeeren schon einmal mit Naturjoghurt zu Pfannkuchen versucht? Mmmh ...

Schwarzer Holunder

Sambucus nigra

Woran erkennt man ihn?

Holundersträuche oder kleine Holunderbäume werden bis zu 11 m hoch. Ihre Rinde sieht gesprenkelt aus. Jung ist sie grün, im Alter hellbraun und schuppig. Im Inneren der hohlen Äste steckt ein weiches, weißes Mark. Die Blätter sind 4–6 cm lang, regelmässig und scharf gezähnt. Sie bilden gefiederte Blattpaare.

Wo findet man ihn?

In Wäldern und an Waldrändern ist der Holunderstrauch zu Hause. Er mag nährstoffreichen Lehm und Tonboden.

Blüten und Früchte

Im Mai duften die gelblich weißen Rispen und laden Insekten ein. Die schwarzen, mit sehr farbintensivem Saft gefüllten Früchte enthalten viel Vitamin C. Aber Vorsicht: Die schwarzen Beeren sind erst nach längerem Erhitzen genießbar!

Lustig und spannend

Der Holunder ist eine alte Heilpflanze. Sowohl die Blüten („Fliedertee“) als auch die Früchte gelten als Heilmittel bei Erkältungskrankheiten.

Frauenfarn *Athyrium filix-femina*

Woran erkennt man ihn?

Der Frauenfarn ist eine manchmal recht imposante, sehr dekorative Pflanze mit hellgrünen, zwei- bis dreifach eingeteilten („gefiederten") Blättern, die von der Basis aus in großen, so genannten „Wedeln" wachsen. Er bildet trichterförmige, dichte Büsche, die hierzulande eine Größe zwischen 60 cm und 1 m erreichen.

Wo findet man ihn?

Frauenfarn ist eine sehr anpassungsfähige Farnart, die auch mit ungünstigen Standortbedingungen zurechtkommt. Die Pflanze fühlt sich am wohlsten an schattigen bis halbschattigen, feuchten Standorten und ist oft an Gehölzrändern zu finden.

Lustig und spannend

Farne gibt es schon seit ewiger Vorzeit – Forscher fanden heraus, dass sie schon vor 400 Millionen Jahren (zusammen mit den Dinosauriern) gelebt haben!
Der Frauenfarn wird auch Waldfarn genannt, denn er ist einer der häufigsten Farne in unseren Wäldern.

Adlerfarn *Pteridium aquilinum*

Woran erkennt man ihn?

Adlerfarne haben dicht am Boden eine teils weit verzeigte Sprossachse, die viele Meter lang werden kann. Daran wachsen die einzeln stehenden, leicht überhängenden Wedel, die mehrfach gefiedert sind und bis zu 2 m hoch (in Einzelfällen noch größer) werden.

Wo findet man ihn?

Den Adlerfarn findet man weltweit, in Mitteleuropa ist er überall verbreitet und kommt sehr häufig vor. In regenreichen Gegenden wie Irland oder Schottland prägt der Adlerfarn ganze Landstriche. Er wächst in lichten Wäldern (auch Kiefernwäldern), an Waldrändern oder in Gebüschen.

Lustig und spannend

Hier heißt es Vorsicht: Der Adlerfarn gilt als giftig und krebserregend. Die genauen Wirkstoffe sind allerdings noch unbekannt. Trotzdem werden speziell eingelegte junge Sprosse in Japan als Gemüse gegessen!

Stinkmorchel *Phallus impudicus*

Woran erkennt man sie?

Die Stinkmorchel wächst als eiförmiges Gebilde (man nennt sie auch „Hexenei“) aus dem Waldboden heraus und streckt sich dann innerhalb ganz kurzer Zeit (1 bis 2 Stunden!) zu dem 20 cm hohen Pilz empor, den du im Wald finden kannst. An der Spitze des weißen Stiels trägt die Stinkmorchel einen dunkelgrünen, glockenförmigen Kopf, der schleimig und weich ist.

Wo findet man sie?

Stinkmorcheln kommen häufig sowohl in Nadel- als auch in Laubwäldern vor, und oft in großen Mengen. Sie wachsen von Mai bis September.

Ist sie essbar oder giftig?

Theoretisch ist das junge „Hexenei“ essbar – der ausgewachsene Pilz aber ist ungenießbar und würde dir sowieso kaum Appetit machen. Er strömt , wie sein Name ahnen lässt, einen extrem unangenehmen Geruch nach Aas aus, der Insekten, vor allem Fliegen, anzieht, die sich haufenweise auf ihm versammeln.

Butterpilz *Suillus luteus*

Woran erkennt man ihn?

Butterpilze haben einen 5–10 cm breiten Hut von dunkelbrauner Farbe. Bei jungen Pilzen ist er wie eine Halbkugel geformt, später wird er dann flacher. Wenn du ihn von unten betrachtest, kannst du ein zitronengelbes Schwammgewebe erkennen, das mit zunehmendem Alter nachdunkelt. Der weißgelbliche Stiel trägt oft einen dunkelvioletten Ring und ist zum Boden hin etwas verdickt.

Wo findet man ihn?

Butterpilze kannst du vor allem in Nadelwäldern finden, hauptsächlich in der Nähe von Kiefern, seltener bei Fichten und Lärchen. Sie erscheinen von Juni bis Oktober.

Ist er essbar oder giftig?

Butterpilze lassen sich hervorragend sammeln und verzehren. Das Fleisch ist bei den jungen Pilzen zart, bei den älteren dagegen etwas schwammig. Ihr Geschmack ist mild und zart, woher auch der Name kommt. Mit ein paar Zwiebeln, Pfeffer und Salz in der Pfanne geschmort wird dir ein Butterpilz sicher schmecken!

Pantherpilz *Amanita pantheriana*

Woran erkennt man ihn?

Der Pantherpilz hat einen weißen Stiel, der zur Spitze hin schmaler wird. Bei älteren Exemplaren ist der Stiel innen hohl. Der hellbraune Hut ist bei jungen Pilzen fast wie eine Kugel um den Stiel gewölbt und mit zahlreichen weißen Flocken übersät, die aber bei Regen schnell verschwinden. Später breitet er sich fast flach aus und bekommt eine glänzende Haut. An seiner Unterseite erkennst du zahlreiche, dicht stehende, weiße Häutchen, die so genannten„Lamellen“.

Wo findet man ihn?

Pantherpilze kommen meist in Laubwäldern vor, aber ab und zu auch in Nadelwäldern. Sie erscheinen von Juli bis Oktober, und wie bei vielen anderen Pilzen auch gibt es besonders gute Pantherpilz-Jahre, wo sie dann in großen Mengen anzutreffen sind.

Ist er essbar oder giftig?

Vorsicht, Pantherpilze sind giftig! Wahrscheinlich wird dich aber schon der unangenehme Geruch des Pilzes davon abhalten, nähere Bekanntschaft mit ihm zu machen ...

Riesenschirmling

Macrolepiota procera

Woran erkennt man ihn?

Der Riesenschirmling oder auch Parasolpilz hat seinen Namen wegen seines besonders großen Huts, der bis zu 25 cm im Durchmesser werden kann! Bei jungen Pilzen hat er noch die Form einer kleinen Kugel, die eng an den langen, schmalen Stiel geschmiegt ist, erst mit zunehmendem Alter breitet er sich flacher aus. Seine olivbraune Oberfläche ist in grobe Schuppen aufgebrochen, die fransig auslaufen.

Wo findet man ihn?

Riesenschirmlinge treten hauptsächlich in Laubwäldern bei Buchen auf. Ganz selten wachsen sie auch in Nadelwäldern, in den Monaten Juli bis Oktober.

Ist er essbar oder giftig?

Der Riesenschirmling ist essbar, aber du solltest nur seinen Hut verwenden. Da ältere Pilze große und flache Hüte haben, kannst du sie fast genau wie ein Schnitzel braten! Das Fleisch ist zart und weiß, und der Geschmack erinnert an Haselnüsse. Der Stiel ist dagegen holzig und faserig und ungenießbar.

Zunderschwamm

Fomes fomentarius

Woran erkennt man ihn?

Zunderschwämme sind graubraune, am Rand grau gestreifte, hut- oder hufförmige Pilze, die an Baumstämmen wachsen. Sie sind 10–30 cm breit und werden bis zu 15 cm hoch. Die Unterseite ist flach, recht eben und trägt eine Schicht aus Röhren, die in Ringen wächst und bis zu 12 cm dick werden kann.

Wo findet man ihn?

Zunderschwämme wachsen ganzjährig an den Stämmen von Rotbuchen, Birken, Erlen und Ahorn, selten an Stümpfen. In Deutschland sind sie recht häufig, im Rheingebiet und westlich davon jedoch seltener.

Ist er essbar oder giftig?

Der Zunderschwamm ist, wie man vom Ansehen schon vermuten kann, ungenießbar. Aus dem Fleisch unter der harten Kruste wurde früher Zunder zum Feueranzünden gewonnen. Man schnitt die Zunderschicht in Scheiben, kochte und trocknete sie in Platten, die man dann mit dem Salz Salpeter tränkte. Die Funken eines Feuersteins brachten den Zunder für längere Zeit zum Glimmen. Feuersteine und Zunderstreifen legte man in kleine Zunderdosen und trug sie mit sich herum – bis dann die Streichhölzer erfunden wurden!

Wiesenchampignon

Agaricus campestris

Woran erkennt man ihn?

Der Wiesenchampignon, der 5–15 cm groß wird, hat einen weißen, glatten, rund gewölbten Hut, der auf einem weißen Stiel sitzt. Die Lamellen auf der Unterseite sind bei jungen Pilzen rosa, später braun oder schwärzlich. Vorsicht: nicht verwechseln mit anderen weißen Pilzen, etwa dem giftigen Karbolchampignon, der ähnlich aussieht, den man aber am unangenehm scharfen Geruch erkennen kann.

Wo findet man ihn?

Wiesenchampignons kann man bei uns im Herbst in fast unzähliger Menge finden. Sie gedeihen am besten auf den nährstoffhaltigen Böden von Viehweiden und, wie der Name sagt, natürlich auf Wiesen. Sie wachsen dort von Juni bis Oktober, vor allem sprießen sie in der ersten Regenzeit nach dem Sommer zahlreich aus dem Boden.

Ist er essbar oder giftig?

Wiesenchampignons sind natürlich mindestens so lecker wie ihre Verwandten, die in dunklen Kellern gezüchteten Zuchtchampignons, die man im Supermarkt kauft. Und sie sind noch gesünder, weil sie so viele Nährstoffe vom Boden mitbekommen! Außer als geschmorte oder gebratene Gemüsebeilage kann man Champignons auch prima in dünnen Scheiben einem grünen Salat zugeben. Oder probiert sie doch einmal in Pflanzenöl eingelegt zum Butterbrot!

Fliegenpilz *Amanita muscari*

Woran erkennt man ihn?

Fliegenpilze sehen ebenso hübsch aus wie sie ungenießbar sind! Es sind große, auffällige Pilze von 5–20 cm Größe mit einem leuchtend roten oder orangefarbenen Hut, der mit unregelmäßigen, weißen Flecken getupft ist. Ihre Lamellen sind weiß. Vorsicht, bei starkem Regen sind diese Flecken manchmal so stark abgewaschen, dass man sie kaum noch sieht!

Wo findet man ihn?

Er wächst von Juli bis November in Wäldern, oft unter Nadelbäumen oder auch Birken.

Ist er essbar oder giftig?

Der Fliegenpilz ist vermutlich der bekannteste Giftpilz. Wenn du einen Fliegenpilz auch nur anfasst, musst du dir gleich hinterher gründlich die Hände waschen. Der Fliegenpilz spielt in vielen Märchen und Geschichten als Symbol für die giftige Natur eine Rolle ... aber andererseits kennen wir ihn auch als Glücksbringer.

Register

Bildquellen

adpic Bildagentur: 24, 25

medienarchiv Thomas Gade: 8, 9, 12, 13, 14, 15, 16, 17, 18, 19, 20, 21 l., 22, 26, 28, 30, 31, 32, 34, 35, 36, 37 l. , 39, 40, 41, 42, 44, 48, 54, 55, 56, 57, 58, 62, 63, 64, 65, 66, 67, 68, 70, 71 l. , 72, 73 r., 74, 75 r., 78, 80, 81, 82, 83, 84, 85, 86, 87, 88, 89 r., 90, 92

PixelQuelle.de: 4, 6, 11, 18, 19, 21 r., 27, 29, 43, 45, 47, 50, 51, 52, 53, 59, 69, 71 r., 73 l., 75 l., 76, 77, 79, 93

stock.xchng: 46 (Rob Waterhouse), 61 (I. M. Birchall)

wikipedia: 7 (J. F. Gaffard), 10, 23 (Markus Hagenlocher), 33 (Tortuosa), 38, 79, 89 l. (Guido Gerding)

Dieses Buch soll zur Anregung und Lehre dienen. Alle enthaltenen Hinweise und Warnungen sind nach bestem Wissen der Autoren und nach aktuellsten Erkenntnissen zusammengestellt. Eine Haftung des Verlages für Umstände, die aus oder im Zusammenhang mit der Nutzung des Buches resultieren, ist aber ausgeschlossen. Insbesondere ersetzt dieses Buch keine professionelle medizinische Hilfe bei Verletzungen, Unverträglichkeiten oder anderen Beschwerden.

Naturführer für Kids
Wald & Bäume

unipart bei area

Text: Gudrun Hoffmann, Michaela Altorjay (für rheinConcept)
Redaktion, Design und Satz: rheinConcept, Wesseling

Illustrationen: Laura Bayless
Einbandgestaltung: heike.grewe@antproduction.de
und agilmedien, Köln
Einbandabbildungen: aus dem Innenteil, siehe Bildquellen

Gesamtherstellung: area verlag gmbh, Erftstadt
Printed in Hungary

www.area-verlag.de